Das

französische Indultgesetz

vom 13. August 1870

und

seine Nichtanwendbarkeit

auf

Deutsche Wechselverpflichtungen,

nach der Entscheidung des Deutschen Oberhandelsgerichts zu Leipzig vom 21. Februar 1871.

Separat-Abdruck aus der „Rechtsprechung des Oberhandelsgerichts zu Leipzig, herausgegeben v. Justizrath Stegemann, Anwalt am genannten Gerichtshofe."

Berlin.

Verlag von J. Guttentag.

1871.

Die hochgehenden Erwartungen, mit welchen die Deutsche Geschäftswelt und der Juristenstand der Wirksamkeit des Oberhandels-Gerichts in Leipzig entgegengesehen, zeigen sich durch viele wichtige Entscheidungen dieses Gerichtshofes bereits mannigfach erfüllt. Ueber Entwickelung und Feststellung dieser neuen Jurisprudenz giebt, unter Hervorhebung der Abweichungen von der bisherigen Praxis, fortlaufend ein in Heften seit dem Dezember 1870 im unterzeichneten Verlage erscheinendes Werk erschöpfende Auskunft, betitelt:

Die Rechtsprechung
des
Oberhandelsgerichts zu Leipzig,
herausgegeben
von
A. Stegemann,
preuß. Justizrath u. Anwalt am genannten Gerichtshofe.

Aus dieser Sammlung wird hier dem Deutschen Publikum ein dessen Interessen weithin berührendes und lange ersehntes Erkenntniß des genannten Gerichtshofes geboten, welches über die Bedeutung des französischen Indultgesetzes vom 13. August 1870 für Deutschland sich eingehend ausspricht.

Berlin, 13. März 1871.

J. Guttentag,
Verlagsbuchhandlung.

Plenum. – Erkenntniß v. 21. Februar 1871 (V.)

Eduard Müller Chr. Sohn ·/· Hirte & Partenwerffer
(Nr. 49 v. 1871).

Preußen. Wechselsache. Nichtigkeitsbeschwerde.

I. Instanz: Stadtgericht Berlin,
II. Instanz: Kammergericht daselbst.

Haftpflicht der Indossanten und des Wechselausstellers bei einer gesetzlich dem Acceptanten ertheilten Fristbewilligung.
Bedeutung des französischen Gesetzes v. 13. August 70 für deutsche Wechselverpflichtungen.

1. Wer einen Wechsel ausstellt oder girirt, übernimmt damit die selbständige wechselmäßige Verpflichtung, daß dieser Wechsel zu der in ihm selbst bestimmten Verfallzeit werde gehörig bezahlt werden.

DWO Art. **4** Nr. **4**, Art. **8**, **14**.

2. Eine nur dem Acceptanten gewährte Prolongation der Zahlungszeit erweitert die Dauer der Haftpflicht für die dem Wechselregresse unterworfenen Indossanten 2c. nicht.

Dies gilt selbst von Vertagungen des Wechselverfalls, welche für den Acceptanten durch Akte seiner Landesgesetzgebung ertheilt worden, — soweit die Indossanten nicht demselben Rechte unterworfen sind, vielmehr außerhalb eines solchen fremden Gesetzes stehen.

3. Das französische Indultgesetz v. 13. Aug. 70 berührt daher, indem es die Zahlungszeit der in Frankreich zahlbaren Wechsel für dortige Schuldner hinausschiebt, nicht die Regreß-Verpflichtungen, welche unter Deutschen aus hier erfolgter Girirung solcher Wechsel bestehen und in Deutschland geltend gemacht werden.

(Nach den Grundsätzen von der Territorialität der Rechte).

4. Auch die örtliche Unmöglichkeit (selbst eine von fremdländischer Gesetzgebung ausgehende zeitweise Unterdrückung) der Protesterhebung entschuldigt bei einem in Deutschland zu nehmenden Wechselregresse den Mangel eines Protestes nicht.

DWO Art. **41**, **85**, **86**.

Der Klagewechsel ist am 15. Mai 70 in Deutschland ausgestellt, auf ein französisches Haus gezogen und sollte am 20. August 70 in Paris bezahlt werden. Der Wechsel ist nach Behauptung des Klägers an letzterem Tage dem Acceptanten ohne Erfolg vorgelegt, jedoch mit Rücksicht auf das französische Gesetz v. 13. Aug. 70 nicht protestirt worden. Für die theils als Wechselaussteller, theils aus einem auf dem Wechsel befindlichen Giro beklagten deutschen Firmen kam das Fehlen eines Protestes Mangels Zahlung in Betracht.

Der I. Richter weist die Wechselklage als unstatthaft zurück, obwohl beide Beklagten sich kontumaziren lassen; der II. Richter aber erkennt nur auf Abweisung zur Zeit, weil einstweilen der Wechsel nicht fällig erscheine.

Die NktBeschw. des Wechselausstellers hat die Herstellung des I. Erk. zur Folge.

Gründe:

Das französische Gesetz v. 13. August 70 lautet (vgl.

Journal officiel de l'Empire français vom 14. Août 70, S. 1419, Col. 4 und S. 1421, Col. 5) im Art. 1:

Les délais dans lequels doivent être faits les protêts et tous actes conservant les recours, pour toute valeur négociable souscrite avant la promulgation de la présente loi, sont prorogés d'un mois.

Le remboursement ne pourra être demandé aux endosseurs et autres obligés pendant le même delai.

Les interêts seront dus depuis l'échéance jusqu'au paiement.

Der Appellrichter sieht in diesem Gesetze eine Verlängerung der Verfallzeit, eine Hinausschiebung des Verfalltages oder, wie er sich ausdrückt, des Zahlungstages um 30 Tage. Und weil diese Prorogation durch das Dekret der provisorischen Regierung vom 12. Sept. 70 um weitere 30 Tage verlängert worden, den Acceptanten Jullien & Cie. zu Paris also weder zur Zeit der Klageanstellung (18. Sept. 70), noch zur Zeit der Appellationsrechtfertigung (9. Oct. 70) die Pflicht zur Bezahlung des Accepts obgelegen habe, so fehle, sagt der Appellrichter, für die Klägerin vorläufig die „Veranlassung" zum Regresse wegen ausgebliebener Zahlung. Sie müsse deshalb zur Zeit abgewiesen werden, wobei ihr vorbehalten bleibe, nach eingetretener Verfallzeit und dann abermals ausbleibender Zahlung gemäß Art. 41 DWO die mitbeklagte Ausstellerin im Regreßwege in Anspruch zu nehmen.

Die NktBschw. verweist u. a. auf die Selbständigkeit der durch das Giro begründeten, lediglich nach Maaßgabe des Wechsels betagten Regreßpflicht* und auf die Nothwendigkeit, auf diese selbständige Obligation das Recht des Gebiets anzuwenden, welchem es vermöge seiner Natur angehöre. Sie rügt demgemäß:

* Vgl. oben S. 59, 67.

1. Verletzung der Art. 14, 16, 75, 76, 82 DWO und des Rechtsgrundsatzes:

Jedes einem giltigen Wechsel eingereihte Indossament stellt ein neues Wechselgeschäft mit selbständigen Wirkungen auf der Grundlage des Wechsels dar;

2. Verletzung des Rechtsgrundsatzes:

Auf jedes Rechtsverhältniß ist dasjenige örtliche Recht anzuwenden, welchem dasselbe seiner Natur nach angehört, und dies ist bei den durch Wechselerklärungen eingegangenen Obligationen der Erfüllungsort, welcher hinsichtlich des Trassanten mit dem Ausstellungsorte und des Indossanten mit dem Begebungsorte zusammenfällt.

Hält man an der Auffassung fest, daß das französische Gesetz v. 13. Aug. 70 die Verfallzeit oder doch den Zahlungstag der in ihm bezeichneten Wechsel hinausgeschoben habe, so ist die NktBschw. begründet.

Vermöge der Ausstellung und Begebung haftet die Mitbeklagte wechselmäßig dafür, daß die Acceptantin den Wechsel zur Verfallzeit bezahle.

Art. 8 u. 14, Art. 4 Nr. 4, Art. 23 DWO.

Die Verfallzeit ist im Wechsel bestimmt. Die Haftpflicht geht dahin, daß genau zu dieser bestimmten Zeit bezahlt werde. Sie ist eine absolute, nicht abhängig von der Diligenz oder Negligenz des Ausstellers und Indossanten. Diese stehen schlechthin für die Bonität des Wechsels, für den Erfolg ein. Aber andererseits ist diese umfassende Garantie eine festbetagte. Sie verpflichtet nur zum Einstehen für die Bezahlung zu der im Wechsel bestimmten Zeit. Aussteller und Indossant übernehmen keine Gewähr für Zahlung nach dieser Zeit; sie haften nicht für mögliche Veränderungen in der Lage des Acceptanten nach dem Verfall.

Ferner: in der DWO ist die Selbständigkeit der verschiedenen durch Ziehung, Annahme und Begebung desselben Wechsels begründeten Obligationen anerkannt. Diese verschiedenen Obligationen empfangen zwar als Solidarverpflichtungen ihren gemeinsamen Inhalt von dem Text der Tratte; allein sie sind in ihrem hiernach zu bestimmenden Bestande unabhängig von einander*. Jeder Indossant für seine Person weis't gleich dem wirklichen oder vermeintlichen Aussteller den Acceptanten an, den Wechsel an den Giratar zu der darin bestimmten Verfallzeit zu bezahlen, und er garantirt allen Nachmännern diese Bezahlung am bestimmten Tage unabhängig von der Haftpflicht der Uebrigen.

Art. 75, 76 a. a. O.

Deshalb erweitert die Stundung oder Prolongation, welche dem Acceptanten von einem (oder einigen) Indossanten gewährt ist, nicht die Dauer der Regreßpflicht der Uebrigen. Für diese bleibt der Verfalltag der im Wechsel bestimmte; und um den Regreß gegen sie zu erhalten, muß der Wechsel nach Maaßgabe dieses Verfalltages präsentirt und protestirt werden.

Dasselbe Prinzip entscheidet im Falle der unfreiwilligen, der sogenannten nothwendigen, Prolongation. Man versteht unter derselben Akte der Gesetzgebung, welche in Beachtung eines öffentlichen Nothstandes, etwa eines Kriegs, entweder allgemeine Moratorien oder Indulte ertheilen oder namentlich die Verfallzeit von Wechseln oder doch die Protestfrist hinausschieben.

Vgl. Brauer, WR 2. Aufl. S. 81 am Ende;
O. Wächter, WR des Norddeutsch. Bundes, S. 514, S. 522; 481;
Hartmann, DWR S. 370 u. 403;

* Dies ergiebt sich auch aus den verschiedenen Verjährungsfristen der Art. 77 bis 79 DWO sowie daraus, daß die Regreßnahme nach Art. 41 und 44 andere Voraussetzungen hat als die sog. direkte Wechselklage gegen den Acceptanten. — Vgl. außerdem Rechtsfall Nr. 22 S. 107.

Swoboda in Siebenhaars Archiv B. 16 S. 35;
Renaud, WR 3. Aufl. S. 219.

Es ist kein Zweifel, daß eine derartige Vertagung der Wechselverfallzeit (hier ist zunächst nur diese zu erörtern) von allen denjenigen Wechselverbundenen anzuerkennen ist, welche dem provogirenden Gesetz unterthan sind. Aber Wechsel-Garanten, welche außerhalb dieses Gesetzes stehen, berufen sich mit Recht auf die strikte und formale Natur der Wechsel-Obligation, auf die zeitlich feste Begrenzung der von ihnen übernommenen Garantie, auf (die) Selbständigkeit (dieser ihrer Verpflichtung) gegenüber der von den übrigen Wechselverbundenen eingegangenen Obligationen, und auf den Rechtsgrundsatz:

daß auf jegliches Rechtsgeschäft dasjenige örtliche Recht* anzuwenden, welchem es seiner Natur nach angehört. —

Die Parteien sind, wie der Appellrichter feststellt, Inländer, und die mitbeklagte Handlung hat den Klagewechsel im Inlande ausgestellt und begeben. Ihre Pflichten als Ausstellerin und Indossantin gegen die Nehmer des Wechsels sind also nach Deutschem Wechsel-Recht zu beurtheilen, wenn auch die Acceptantin in Paris wohnt.

Vgl. O. Wächter, a. a. O. S. 30, 33 (499);
Renaud, a. a. O. S. 34;
Hartmann, a. a. O. S. 65;
Hoffmann, Erläuterung der DWO S. 603.

Diese Pflichten zu erweitern oder zu erschweren, hat folglich das französische Gesetz keine Macht. „Wenn Sie die Verfallzeit prorogiren," rief der Präsident der Spezial-Kommission (Werlé) dem corps legislatif bei der Berathung des Gesetzes vom 13. Aug. 70 zu, „so versuchen Sie die Verletzung von Kontrakten, die vor diesem Gesetze und

* Vgl. v. Savigny, System des heutigen Römischen Rechts, B. VIII S. 108, 246.

außerhalb Ihres Bereichs geschlossen sind, und alle Tribunale der Welt werden Ihnen sagen: Sie haben nicht das Recht, den Kontrakt zu ändern." Ungeachtet jenes französischen Gesetzes also verbleibt es für die jetzt streitenden Parteien bei dem im Wechsel bestimmten Verfalltage.

Die bisher erörterten Rechtssätze hat der Appellrichter verkannt. Er hat den Wechsel, obwohl er an dem darin bestimmten Verfalltage und überhaupt nicht protestirt ist, für nicht präjudizirt erachtet, weil die durch das französische Gesetz v. 13. Aug. 70 erfolgte Prolongation der Verfallzeit auch die mitbeklagte Ausstellerin binde und ihre Regreßpflicht verlängere. Seine Entscheidung beruht also auf rechtsgrundsätzlichen Verstößen und unterliegt — weil durch andere Gründe nicht gestützt — der Vernichtung.

Bei der Beurtheilung der Sache selbst kommt zunächst die Bedeutung des Ges. v. 13. Aug. 70 in Frage. Denn das formelle Protestrecht richtet sich nach dem Zahlungsorte. Ueber die Form — so bestimmt Art. 86 DWO — der mit einem Wechsel an einem ausländischen Platze zur Ausübung oder Erhaltung des Wechselsrechts vorzunehmenden Handlungen entscheidet das dort geltende Recht. — Daß hier der Ausdruck „Form" nicht im strengsten Wortsinne zu verstehen, ist kaum zweifelhaft. In gewissem Betracht ist auch die Zeit und Art der regreßsichernden Handlungen darunter zu begreifen. Das Gesetz des Zahlungsorts entscheidet über die Tagesstunden und die Feier- oder Festtage, an welchen ein Protest nicht erhoben werden darf. Bestehen am Zahlungsorte Respekttage, so müssen die auswärtigen Regreßpflichtigen auch diese anerkennen.

Vgl. Borchardt, DWO S. 209 n. 247, S. 534 Zus. 694;
Thöl, Handelsrecht, 2. Aufl. II S. 71 (§ 157);
Wächter, a. a. O. S. 35, 36 (n. 25), 182;
Brauer, a. a. O. S. 143;

Hartmann, a. a. O. S. 63, 65;
Renaud, a. a. O. S. 35, 36 (n. 36).

Die andere Frage aber —, ob dies auch von solchen Respekttagen gilt, die erst während des Umlaufs eines Wechsels örtlich eingeführt, resp. erweitert werden,
vgl. Hoffmann, Erläuterung der ADWO S. 608, 609
kann hier auf sich beruhen. Denn das Gesetz v. 13. Aug. 70 gehört nicht unter diesen Gesichtspunkt.

Seine Entstehungsgeschichte lehrt Folgendes:

Der für Frankreich unglückliche Anfang des Krieges gegen Deutschland, die Besetzung einiger Ostdepartements durch die deutschen Armeen veranlaßte einige Deputirte, am 10. Aug. 70 beim Corps legislatif zu beantragen, den möglichen Verlegenheiten des Handelsstandes durch Prorogation der Wechselverfallzeit oder durch Suspension der Proteste entweder für ganz Frankreich oder für die Ostdepartements zu begegnen. (Drouot, Argence, Jules Simon). Am folgenden Tage überreichte die Regierung (der Handelsminister) eine Gesetzvorlage, wonach die Fälligkeit (échéance) aller in der Zeit v. 11. Aug. bis 20. Sept. 70 zahlbaren Handelspapiere um einen Monat prorogirt, und während derselben 30 Tage jeder Protest, Regreß und sogar Verjährung suspendirt sein sollte. — Die zur Vorberathung dieser Vorlagen ernannte Kommission unterbreitete jedoch dem gesetzgebenden Körper am 13. Aug. einen anderen Gesetzvorschlag, denselben nemlich, welcher in dieser Sitzung als Gesetz angenommen wurde. — Die Kommission substituirte also dem Projekt der Regierung, nemlich dem System der „Prorogation der Verfallzeit", das System der „Prorogation der Protestfrist", und sie fügte die Vertagung des Regresses hinzu.

Beide Systeme, darin waren Alle einig, verfolgten denselben Zweck: man wollte der leidenden französischen Industrie, allen in Frankreich Domizilirten, welche damals ihre Zahlungsverpflichtungen zu erfüllen nicht vermöchten, zu

Hilfe kommen; man wollte demgemäß ihre Zahlungspflicht hinausschieben, ohne sie durch Protest oder poursuite (Klagen, Falliterklärung) bloß zu stellen. Aber uneins war man nicht nur über die Dauer des Aufschubs (ob auf 30, 60 Tage oder die ganze Kriegszeit), sondern auch über die Art, wie er zu gewähren.

Beide „Systeme" wurden aus verschiedenen Gründen bekämpft und vertheidigt. Unter anderem wurde (z. B. von dem Präsidenten der Kommission) hervorgehoben: die Prorogation der Verfallzeit gefährde den Regreß im Auslande, denn das Ausland werde diese Prorogation nicht anerkennen; die Prorogation der Protestfrist aber erhalte den Regreß im Auslande; denn vermöge des internationalen Rechtes sei alle Welt verpflichtet, betreffs der Protestformalitäten das Recht des Landes zu respektiren, wo der Protest geschehe. Bisher habe das Ausland sich der vierundzwanzigstündigen Protestfrist des Code de commerce fügen müssen, nunmehr werde es die dreißigtägige anzuerkennen haben. Zwei Redner (Dalloz und Matthieu de la Corrèze) verstärkten dieses Argument durch den Hinweis auf die force majeure; das neue Gesetz sei selbst die force majeure und hindere als solche die poursuite der Wechselzahlung. Das Völkerrecht aber kenne die force majeure als ein giltiges Prinzip.

Vgl. über dies alles Journal officiel de l'Empire français vom 11., 12. und 14. Août 70.

Der gesetzgebende Körper verwarf, wie erwähnt, das System der Prorogation der Verfallzeit (échéance), und er adoptirte das System der Prorogation der Protestfrist. — Welche Gründe bestimmend gewesen sind, das entzieht sich der Kognition. Aber das ist klar, daß es sich in Wahrheit nur um einen geräumigen Aufschub für zahlungsunfähige (französische) Wechselschuldner handelte. Ueberall in den Debatten kehren die Ausdrücke délai, sursis, surséance, suspension de poursuite wieder. Diese Begriffe bestimmen den wahren Gedanken des Gesetzes, und seine Bedeutung ist lediglich die eines Moratoriums, einer Hinausschiebung des Zahlungstages.

Diese Bedeutung — die Klägerin selbst qualifizirt das Gesetz als Moratorium — schließt den Charakter einer bloßen Erweiterung der Protestfrist aus, d. h. einer Frist, bestimmt dem Wechselinhaber die Ausgleichung einer Säumniß oder momentaner Behinderung in der Protesterhebung genau am Verfalltage zu ermöglichen. Sie ist gleicher Weise unverträglich mit der Annahme einer Einführung von Respekttagen, d. h. mit der nach manchen Rechten dem Wechselacceptanten zustehenden kurzen Nachfrist zur Verbesserung von Irrthümern, Nachlässigkeiten und momentanen Verlegenheiten. Die Debatten enthalten keine Andeutung dafür, daß man gewillt gewesen wäre, diese allbekannte Institution dem französischen Wechselrecht vorübergehend einzufügen. Auch würde die Thatsache, daß es sich nicht um Wechsel schlechthin, auch nicht um bestimmte Arten, sondern um eine Anzahl von Wechseln, nemlich um die vor dem 13. August 70 unterzeichneten handelte, einer solchen Einführung des Instituts der Respekttage nicht günstig gewesen sein. Und die Thatsache, daß die durch das Gesetz vom 13. August bestimmte Frist unter Beibehaltung seiner übrigen Dispositionen, von dem Decret vom 12. Sept. 70 und — wie notorisch — von späteren Dekreten um mehrere Monate verlängert ist [auch zur Zeit noch läuft], bestätigt, daß der 13. August 70 bloße Respekttage nicht angeordnet hat.

Ist sonach Sinn und Bedeutung dieses Gesetzes die, unter dem Namen einer Protestfrist-Prorogation und unter Beibehaltung der Verfallzeit, nemlich des Zinsen-Anfangs vom Verfalltage, nur den Zahlungstag der vor dem 13. August 70 unterzeichneten und in Frankreich zahlbaren

Wechsel um einen Monat hinausgeschoben zu haben: so existirt in diesem Gesetze kein örtliches Recht, dem die Parteien unterworfen wären. Daraus folgt, daß der 20. Aug. 70, d. h. der im Wechsel selbst bestimmte Verfall- und Zahltag als solcher für die Protestpflicht der Klägerin maaßgebend geblieben.

Es bleibt der Einwand zu prüfen, daß das Gesetz vom 13. August 70, wenn nicht als Gesetz, doch als force majeure die Präjudizirung des Wechsels ausschließe.

Das französische Recht knüpft, gleich dem deutschen, die Erhaltung des Wechselregresses an den Protest. Der Protest ist in Frankreich nicht abgeschafft. Auch jenes Gesetz hat ihn ausdrücklich nicht untersagt. Die Frage also, wie der Wechselregreß zu erhalten, wenn am Zahlungsorte das Institut des Wechselprotestes gar nicht existirt, steht nicht zur Entscheidung. — Aber bei der Berathung des Gesetzes wurde von einigen Rednern hervorgehoben, das Gesetz, indem es jegliche poursuite inhibiren solle, schließe die Protesterhebung vor Ablauf der Prorogationsfrist aus (was die nicht angenommene Regierungsvorlage im Art. 2 mit den Worten: »tous protêts etc. sont également suspendus et prorogés pendant 30 jours« ausdrücklich bestimmt hatte). Angenommen, das Gesetz hätte diesen Willen gehabt, so kann es nicht als ein feststehender Satz des internationalen Rechts anerkannt werden, daß eine derartige örtliche gesetzliche Unterdrückung des Protestes für einzelne Fälle und Zeiten die ausländischen Regreßpflichtigen als örtliches Recht binde.

Angenommen ferner, das Gesetz hätte jedenfalls den thatsächlichen Erfolg gehabt, daß kein französischer Notar sich zur Protestirung eines der prorogirten Wechsel, also auch des Klagewechsels, vor abgelaufener Prorogation würde haben bereit finden lassen: so wäre diese Unmöglichkeit der formalen Kundmachung der vergeblichen Präsentation, den jetzigen Parteien gegenüber, force majeure.

Mehrere außerdeutsche Wechselrechte behandeln die durch vis major verursachte Verzögerung der Präsentation und Protestirung nicht als regreßhindernde Verspätung. Dieser Standpunkt kann für das deutsche Wechselrecht nicht als der zutreffende angesehen werden. Bei der Berathung der DWO war man im Wesentlichen darüber einig, daß bloße Zufälle, welche „einen Einzelnen oder Wenige betreffen", eine Verspätung der Präsentation, bzw. Protestirung nicht entschuldigen. Aber Einige glaubten, in Uebereinstimmung mit ausländischen Rechten, eine Bestimmung treffen zu sollen, welche die Berufung auf höhere Gewalt gegen Verspätung der Präsentation und Protesterhebung gestatte. Indeß ergab sich (ähnlich wie bei der Berathung des Code de commerce;

vgl. Siebenhaar, Archiv Bd. 1 S. 303),

daß der Begriff der vis major — etwa allgemeine große Unglücksfälle und Begebenheiten, welche die Verbindungsmittel hemmten, einen Stillstand der Rechtspflege bewirkten 2c. — von dem des casus [bloßen Zufalls] nicht wohl zu scheiden war. Und wenn nun auch die Aufnahme einer dem § 66 des sächs. Entwurfs entsprechenden Bestimmung:

„Die Berufung auf Verspätung der Präsentation durch höhere Gewalt wird selbst bei Wechseln, die vom Auslande kommen nicht beachtet"

abgelehnt wurde: so fiel doch auch der Vorschlag der Aufnahme eines Satzes, daß vis major entschuldige.

Vgl. Prot. der Leipziger Konferenz (Leipzig bei Hirschfeld) S. 201, 202, 243—245 (Sitzung 29 und 34);

Mittermaier in Siebenhaar's Archiv I S. 148 bis 152 (vgl. 158 n. 39);

Brauer, daselbst S. 273 (vgl. V S. 31);

Einert, daselbst S. 318—321; auch

Swoboda, daselbst XVI S. 29, 35.

Im Gebiete der DWO also ist diese Frage nach der Natur des zwischen dem Inhaber und dem Aussteller bestehenden Rechtsverhältnisses, insbesondere nach dem Umfange der dem Aussteller, bzw. Indossanten obliegenden Garantiepflicht zu entscheiden. So lange man den Inhaber als einen Cessionar des Ausstellers und Giranten betrachtete, konnte es zulässig scheinen, den Zufall, welcher rechtzeitige Einkassirung des Wechsels hinderte, nicht dem Inhaber, sondern dem gewährpflichtigen Giranten anzurechnen. Unter diesem Gesichtspunkte konnte man von Diligenzpflichten des Inhabers gegen den Aussteller — namentlich zu rechtzeitiger Präsentation — ausgehen, und nach der Regel »impossibilium nulla est obligatio« die durch Zufall unmöglich gewordene Erfüllung jener Pflichten dem Inhaber nicht zur Last legen.

Vgl. Treitsche Encyclopädie rc. II S. 67—70, 622;
Pöhl's Wechselrecht S. 416;
siehe auch Mittermaier a. a. O. S. 147 ff., 163.

Allein jener Gesichtspunkt ist irrig. Der Inhaber ist nicht Cessionar der Vormänner, und er hat keine Diligenzpflichten gegen diese. Der Aussteller und Girant aber garantirt ihm die Bezahlung des Wechsels zur Verfallzeit nur unter der Bedingung, daß er den Wechsel rechtzeitig präsentire und diese Präsentation, sowie die Nichtzahlung durch gehörigen Protest nachweise. In seinem eigenen Interesse also, als Inhaber der Wechselforderung und als Regreßgläubiger, hat der Nehmer die rechtzeitige Präsentation, bzw. Protestirung zu bewirken, und nach allgemeinen Rechtsregeln trifft ihn der Schade, wenn er — mit oder ohne Schuld — Beides zu bewirken nicht vermag. Die Neigung, ihm im Falle der Verhinderung durch höhere Gewalt diesen Schaden aus vermeintlichen Billigkeitsrücksichten abzunehmen, intendirt unbillige Härte gegen den nicht minder unschuldigen Regreßschuldner, verkennt die strikte Bedingung, unter welcher die Garantie übernommen ist, ignorirt die zeitlich=feste Begränzung ihrer Dauer und nimmt dem Wechselverkehr die nothwendige Schnelligkeit und Pünktlichkeit in der Lösung seiner Obligationen.

Der hier vertretene Standpunkt ist denn auch in der neueren Deutschen Rechtsprechung und Rechtslehre fast ausnahmslos festgehalten.

Vgl. außer obigen Allegaten:*

Borchardt, ADWO 5. Aufl. Zus. 400 Nr. 11 (S. 256);

Wochenblatt für merkwürdige Rechtsfälle, Leipzig 1849 S. 65 u. 473;

Thöl, Handelsrecht 2. Aufl. II (§. 316) §. 237;

Heise & Kropp Abhandlungen I, 576;

Daniels WR., S. 305;

O. Wächter, a. a. O., S. 521, 522, 514, 595 n 34;

Derselbe, Wechsellehre, § 156 (S. 540); § 165; § 166 (S. 577);

Von ihm aus aber ergiebt sich, daß der am 20. Aug. 70 fällig gewesene Klagewechsel, welcher zwar präsentirt, aber nicht protestirt worden, präjudizirt ist.

Sonach war auf die Appellation der Klägerin das I. Urtheil lediglich zu bestätigen.

* **Contra:** Arch. für WR. VI S. 64 (**Kheil**), III S. 357, Hamb. Arch. f. d. Handelsrecht II S. 118—151; vgl. auch **Locré, esprit de Code de commerce**, II S. 245 und die dort allegirte Stelle aus **Montesquieu de l'esprit des lois.**

FSC
www.fsc.org
MIX
Papier | Fördert gute Waldnutzung
FSC® C083411

Kolibri 360 GmbH
Ferdinand-Jühlke-Straße 7
99095 Erfurt, Deutschland
produktsicherheit@kolibri360.de